TRASLUMBRAMIENTOS

EC

EDITORIAL CÁNTICO

AYUNTAMIENTO DE CÓRDOBA

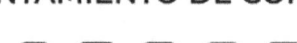

cantico.es · @canticoed

Suscríbete a nuestro blog en

 @canticoed

© Santiago Elso, 2025
© Editorial Almuzara S. L., 2025
Editorial Cántico
Parque Logístico de Córdoba
Carretera de Palma del Río, km. 4
14005 Córdoba
© Imagen de cubierta: *La tempesta* (1518-1519) de Giorgione
expuesto en la Gallerie dell'Accademia de Venècia
© Imagen de falsas guardas: *Bulevar du Temple* (1837)
de Louis Daguerre
© Fotografía de autor: Mentxu Seminario, 2025

ISBN: 978-84-10288-59-1
Depósito legal: CO 144-2025

Impresión y encuadernación:
Imprenta Luque S.L.

SANTIAGO ELSO

TRASLUMBRAMIENTOS

**XXXII PREMIO INTERNACIONAL DE POESÍA
CIUDAD DE CÓRDOBA "RICARDO MOLINA"**

EDITORIAL CÁNTICO
AYUNTAMIENTO DE CÓRDOBA

SOBRE EL AUTOR

SANTIAGO ELSO TORRALBA (Pamplona, 1965) es licenciado en Psicología, poeta y autor de los libros *Descripción de cuadros para Guillermo* (Eunate, 2012), y *Nadie sabe cómo has llegado hasta aquí* (Zerokotan, 2022). Asimismo es coautor del libro *Sotto voce*, publicado por el "Taller de Escritura Santiago Elso", 2018. Fue ganador del III Premio de Poesía Amigos de La Herradura en Almuñécar, Granada, 2008; del XXVII Premio de poesía Fray Luis de León, de la Diputación Provincial de Ávila Ayuntamiento de Madrigal de las Altas Torres, 2017; y del II Certamen Internacional de Poesía Ayuntamiento de Peñamellera Baja, Asturias, 2017. En el Ateneo Navarro, ha sido vocal de Literatura y Lingüística, así como coordinador del Grupo de Poesía Ángel Urrutia. Actualmente es miembro del consejo de redacción de la Revista Río Arga.

ACTA DEL JURADO

Un jurado compuesto por los poetas D. Manuel Gahete
Jurado, Dña. Estefanía Cabello Rosa, Dña. Ariadna
G. García, D. Raúl Alonso Lorente y D. Juan Antonio
González-Iglesias, actuando como Secretario D. Francisco
Rosales Rodríguez, reunido en el Palacio de Orive
–Delegación de Cultura del Ayuntamiento de Córdoba–,
decidió por unanimidad otorgar el XXXII Premio
Internacional de Poesía Ciudad de Córdoba "Ricardo
Molina" a la obra *Traslumbramientos*, de Santiago Elso,
destacando que «es un libro muy personal, colector de
un espacio poético, donde destaca la lucidez de un autor
que dialoga con la tradición con un claro propósito de
innovación, perfectamente adaptado a nuestro tiempo. Un
libro pleno de sabiduría literaria que pondera la naturaleza
y el amor (en un sentido universal). Los valores del libro
adquieren plena vigencia y se nos manifiesta trascendente,
con cierto aliento místico, tan necesitados como estamos de
entusiasmo, alegría y celebración de la existencia. Sorprende
el sentido lúdico de algunos versos que se complementa a la
perfección con la hondura y la humanidad que dimana de
un poemario donde fondo y forma se concilian, emoción y
belleza» según consta en el acta del fallo.

AYUNTAMIENTO DE CORDOBA

Traslumbrar:
1. Deslumbrar a alguien con una luz viva que hiere su vista.
2. Pasar o desaparecer repentinamente.

Diccionario de la RAE, 2014

Traslumbramiento:
Especie de fascinación deslumbradora.

Traslumbrar:
Desaparecerse alguna cosa por la rapidez o prontitud con que pasa dejándose ver instantáneamente.

Diccionario Nacional de la Lengua Española
de Don Ramón Joaquín Domínguez, 1848

Traslumbramiento:
El sentimiento, ò turbacion, que padece la vista por la luz, ò resplandor repentino, ù no esperado, que activamente la hiere. Usase tambien en sentido metaphórico.

Diccionario de Autoridades, 1739

MISIVA PARA EL PRIMER HOMBRE FOTOGRAFIADO

Del daguerrotipo "Boulevard du Temple"

LOUIS DAGUERRE

Aquella radiante mañana
–año 1838–
en *Boulevard du Temple* de París,
había un bullicioso
ir y venir de transeúntes.
Quiénes eran y adónde iban,
no lo sabemos. El daguerrotipo
exigía largos posados
para fijar la imagen,
y los que por allí pasaron,
como si ya la muerte
ensayara un poco con ellos,
han desparecido (¿pero, acaso, no somos
nosotros también traslumbrados
caminantes del bulevar del mundo?,
¿no estamos, sin saberlo,
desvaneciéndonos a cada instante?).

La foto nos revela otra extrañeza:
únicamente usted, que permanece inmóvil,
que se toma su tiempo
mientras cepillan sus zapatos,
ha perdurado.
                    Burda eternidad

la suya, caballero: un contorno impreciso
sobre plata pulida, el pie apoyado
en la caja de un limpiabotas,
un sombrero de dandi y un calzado lustroso,
en vez de un alma inmortal;
                              y, no obstante,
siglos después, al ver su gesto
en aquel bulevar,
aprendemos una lección:
mejor con elegancia, como usted,
cuando al fin nos toque partir
hacia los Campos Elíseos.

CUANDO VI PASAR UNA ESTRELLA FUGAZ....

pensé, aunque solo fue un segundo,
que era la firma de Dios.

Pero no. Alguien me buscaba
y entre miles de estrellas me encontró:
el viejo ortógrafo
que cuenta aún, meticulosamente,
todas las sílabas del mundo,
había puesto –y eso era todo–
un breve acento sobre mí.

EN LA CAPILLA *SANCTI SPIRITUS* DE RONCESVALLES

Os saludo, extranjeros.
Para vosotros, peregrinos
que en la aterradora clausura
de este carnario os unís
a los doce pares de Francia,
una cruz florenzada indica
que vuestro viaje ha concluido.
Perseguíais las Osas en el campo de estrellas
sin saber que el mapa del cielo
señalaba una tumba inesperada:
era la vuestra, no la de Santiago.
Ahora, mientras se comban como velas
que flamean al viento los castaños de afuera,
una arcada enrejada os cierra el paso
y entre toscas piedras yacéis
y conchas de vieiras perforadas,
en un pozo de sombras
y de anónimos cráneos.
Y aunque pálidos ángeles
esfumados −apenas distinguimos sus alas−
proclamen que aún os custodian,
vuestra descarnada hermandad
testimonia otra certeza:
que cualquier esperanza es solo un fingimiento.

EPOSTRACISMO

¿Por quién,
          por quién, sino por ti,
piedra que lanzo,
                    que planeas
sin alas, que desciendes
de pronto y, de nuevo,
                         de nuevo
te elevas al rozar la corriente, se agitan,
como manos que aplauden,
las tremulantes hojas de estos álamos?
A ti –te lo mereces–,
a ti te ovacionan los chopos,
por ti se inclinan cuando pasas.

Bien volandero, bien
pajaril eres tú, y te aclaman,
canto rodado, ave
de piedra que saltas,
                       que saltas
–¡con qué levedad!– sobre el agua.

Besas el mundo, asciendes
después, y te alaban,
                       te alaban

al ver cómo subes y bajas,
te elogian las hojas, te loan
al verte flotar en el viento.

Y aunque eres tan solo un guijarro,
eres, al menos, menos
miserable, menos materia,
grávida masa, menos algo
que pesa, entre las cosas una
que imita y resume una vida.

A ti que al lanzarte planeas
sin alas, que desciendes
de pronto y, de nuevo,
              de nuevo
te elevas al rozar la corriente,
las fragorosas hojas
te aplauden en esta alameda;
a ti que en el río has dejado
un rosario de ondas,
            de asombros,
                  de continuos sobresaltos,
a ti que al pasar has escrito
un reguero de puntos,
            de puntos
                y puntos suspensivos.

ESO

Un rojo atardecer y tú conmigo:
para que el día al fin acabe bien,
no pido más. Con el ocaso, ven,
y que en tus hombros sea el sol testigo
de que eres tú el paisaje que persigo,
tú mi sendero, mi horizonte y quien
le da su altura al cielo. Eres también
un río, y es mi mano por tu ombligo
la barca que en lo oscuro se desliza
uniendo las orillas de tu talle.
Un bello atardecer y otro detalle
más te pido: la tarde tan rojiza
de tus labios se cierre con un beso,
otro en la noche y luego... luego... eso.

PROPUESTA PARA INCLUIR UNA PALABRA EN EL DICCIONARIO

Limpia, fija y da esplendor

Lema de la RAE

Desluz: aun cuando fue el desliz
de algún minero analfabeto
al pronunciar la voz inglesa *sluice*,
esa, esa palabra que nombraba
el cajetín del buscador de oro
les propongo, señores académicos.
Pues ¿cómo, siendo tan hermosa,
no pudo perpetuarse?
¿Para un glosario, ya en desuso,
nació y murió en las minas de San Luis?;
¿para que solo unos braceros
argentinos, allá en La Carolina,
lavaran las arenas de un acuífero?

No me resigno y pido su admisión:
también aquí, en un valle pirenaico,
bajo la arboleda otoñal
en cuya fosca fronda me he perdido
y en donde, de pronto, se ha abierto
un cielo inesperado,
acude a mi memoria esa palabra,
argéntea y luminosa, y me parece
que el bosque entero es un *desluz*.
Toda impureza que en mi corazón

hubiera la ha lavado el diminuto arroyo.
¿Y quién batea el oro de noviembre,
arriba, en la espesura,
sino estos árboles dorados
de cuyas copas cae
el haz de luz que los traspasa?
¿O quién, sino el follaje, se despoja
de unas hojas auríferas
y deslizándose las deja
ensimismadas a mis pies?

Sí, vosotros que sois mineros del lenguaje,
obreros de un oficio
que limpia y da esplendor a nuestro idioma,
mirad este milagro
y deslumbraos como yo,
pues cuando el haya o cuando el roble
se balancean en el viento,
de la enramada húmeda gotean
pepitas de sol sobre mí.

LA TEMPESTA

Tormenta en ciernes, te aproximas
como entre aéreos arrecifes blancos
y en la aldea ruinosa anclas
tu súbito relámpago.

A ti te asombra el lento derrumbarse
de las piedras que ocurre aquí, abajo,
pues las imitan, céleres,
tus nubes que rebullen en lo alto.

Tempestad o turbión que llegas
amenazando un mundo plácido:
frente a este óleo de Giorgione
tu retumbante trueno aguardo.

CONCIERTO EN EL HUMEDAL DE TORREBLANCA

Y vuelven en bandadas desde el mar,
después de su banquete de sardinas,
a tierra pantanosa. Tú imaginas
–o eso dices– que no hay mejor lugar
que esta laguna azul para escuchar
sus cantos. Quieres ver sus patas finas,
sus cuerpos como notas danzarinas
creando un pentagrama en el paular.
Y al separar las ramas de un juncal,
ignoras que tu mano en la marisma
está pulsando un arpa virginal
junto a las aguas, en la orilla misma.
Y son aplausos, aunque no lo sabes,
el aleteo en fuga de las aves.

ENTHOUSIASMÓS

Los poetas son seres
que no han crecido,
infantes que no han madurado.

Todavía confunden
la doble ele
con las alas de las libélulas.

Y por eso siguen ahí,
en el aula de redacción:
para corregir su dislexia
y su caligrafía.

Con ardua, torpe y lenta letra copian
lo que los dioses dictan.

MARINA

Lo que ese remo −ayer,
al verlo ahorquillado en el escálamo,
te pareció una pluma en su tintero−
ha escrito sobre el agua,
tú nunca lo sabrás.
        La barca ya se fue,
cruzó la boya de campana
y su farol de pesca se ha perdido
en el enjambre anónimo
de las estrellas.
La zarabanda de las olas sigue,
lo borra todo. Llegan a la orilla
−pero ¿qué importa ahora?,
¿no ves que todo el mar es mármol,
que todo instante ya es pasado?−
vetas blancas, relámpagos de nadie.

SEPTEMBRINO

Lo anuncia el mar con encrespadas olas:
te vas, verano, una vez más nos dejas.
La lluvia goteando en unas tejas
lo repite, y el viento, el rompeolas,
la bruma que lo envuelve y sus farolas
solitarias proclaman que te alejas,
que ya te vas sobre las piedras viejas
del espigón. Febriles banderolas
te están diciendo adiós desde la playa,
y allí, en el horizonte, en esa raya
donde se vuelven uno cielo y mar,
un buque petrolero hace sonar,
tras el telón de niebla, su sirena.
Y asoman ya las pléyades. ¡Qué pena!

ENCURTIDOS VALERO S.L.

Un cubo de sardinas viejas:
mandala o girasol marino;
quizá una flor en salazón
a punto de ser deshojada.

Y es otra catedral, es otra iglesia
la tienda de encurtidos:
detrás del sacerdote y del altar,
el rosetón tornasolado
de arenques en barrica.

Aquí me vuelvo feligrés
y, como Dante frente al cielo en el grabado
de Doré, quedo fascinado:
ángel junto a ángel junto a ángel,
apiñados en círculos.

Me llevo una docena de querubines
envueltos en papel de estraza.

UN POETA CONTEMPLANDO EL DESHIELO DE LOS MONTES

Aquí las cumbres, las laderas frente
a frente, aquí la noche que se embebe,
sucumbe, corre, cae por el relieve
hacia el profundo bosque; aquí el naciente
día, la luz que llega de repente
con un pianísimo gorjeo leve;
aquí el rosado mármol de la nieve
que el sol deshace y vuelve transparente;
aquí el arroyo anónimo que baja
por las vaguadas que el azar baraja
para él. Y tú, poeta, entre estas peñas
milenarias, aquí estás tú que sueñas
con comparar —de otros es la idea—
el tiempo con el hielo que gotea.

Mas no, no escribas nada, sé modesto,
pues qué, sino silencio, frente al gran
deshielo puedes ofrecer. Tu afán
de describirlo es noble, por supuesto,
pero vano. Mejor tu mudo gesto,
tu rostro ensimismado y tu ademán
de asombro que unos versos nos dirán
que no hubo ni hay palabras para esto.
Y entiende que un poema enturbiaría

la límpida y solar caligrafía
que la nieve redacta con sus mil
regachos y cascadas en abril.
Abriste el gran cuaderno de este valle:
que lo dejes en blanco es un detalle.

COMO VENUS ANADIÓMENA

Cuando te vi salir del mar
–perdona si te impuse un peso
tan enorme–, busqué la unión
del horizonte con tus hombros. Creo
que puse el cielo sobre ti
para adornar tu pensamiento,
el cielo azul y el sol poniente
ensortijados en tu pelo.

Tú no lo sabes: era el horizonte
un gran derrumbadero
de naves desplomándose a tu espalda,
y la algazara de aves rasgando el firmamento
mi corazón en fuga al contemplarte.
En torno a tu silueta bogaban los veleros,
y un esplendor solar se deshojó
cubriéndote con mil destellos.
Ignoras que las olas
corrían encrespadas a tu encuentro,
o cómo serenó su furia
el roce dócil de tus dedos.
No sabes que, como con cabos,
como con cables de aparejo,
sin darte cuenta te enredabas

a veces con las velas, a veces con el viento.
Y, así, asida, al fin prendida
en los rosados arabescos
del ocaso, tirabas de la tarde
y la arrastrabas mar adentro.
Iba la noche ya detrás de ti
sin tú saberlo.

SALUTACIÓN A LA NIEVE NOCTURNA

Tú exageras, nieve nocturna:
De nuevo mi ventana
por ti parece un cuadro de Seurat,
y al asomarme en ella, alrededor
de esas farolas que iluminan
unas calles apenas transitadas,
tus copos aparentan ser
piñatas que al unísono revientan.

Sostienes eres algo que no eres
ni serás: un papel de seda que preserva
y que blanquea el aguafuerte
de esta traslucida ciudad;
un sudario que cae sobre el sepulcro
de la noche; pavesas de la fragua
en la que alguna vez forjaron las estrellas;
una girándula de hielo
y de añoranza; las murientes hojas
de un invisible sauce astral;
el yeso roto, los menudos restos
de alguna eternidad que se desconcha.

¿A quién podría yo contarle tales
fantasías, a quién decirle?: «¡Mira,

son cartas que los muertos envían a los vivos!
En mil pedazos alguien las rompió,
para que no supiéramos,
y están cayendo ya sobre nosotros».

Mi embaucadora amiga,
perdona si esta noche no te creo
ni una palabra; y, sin embargo,
hola, nieve, hola, bienvenida seas.

LE QUATTRO STAGIONI

Está empezando ya esa melodía,
estoy oyendo la primera nota
de una lluvia tenaz que me derrota,
pues más que tibia música diría
que es una tromba ardiente de agua fría,
un súbito turbión que, gota a gota,
de los violines y las violas brota.
Está creciendo en mí y parecería
que estío, otoño, invierno y primavera
tornáronse en tormenta tan rotunda,
tan invasora y cruel que ni siquiera,
cuando me rindo, cesa. Tan profunda
como agua que me anega y que me inunda,
si un poco más asciende, me muriera.

EL ALMENDRO Y TÚ

Contra este almendro que parece un rey
–el muro lo corona con sus verdes
y traslúcidos vidrios–
y al que, vehemente ya
de presurosa floración,
la luz de un decidido sol de invierno
ha hecho estallar sus prematuros dones,
tú con tus rizos por la frente
no debes competir.

Lo poco que uno pide a la floresta
humilde y esforzada de febrero
es algo de belleza.
No se la robes.

ALEGRE PERO NO DEMASIADO

Que me perdonen los astrónomos,
los augures de nuestro siglo,
pero a mí el universo me parece la pieza
de un anticuario; una –hermosa
pese a todo– antigualla.

Para ser más preciso,
creo que es un gramófono.

Quién o cómo se puso en marcha,
nadie lo sabe. Gira y gira desde entonces,
soles, pequeños resplandores,
púlsares que fulguran un instante
en el negro vinilo dan vueltas y más vueltas,
y el altavoz, con forma de petunia gigante,
exhala entre sus pétalos oscuros
la música de las esferas.

Mirad, henos ahí, también nosotros,
humano coro apretujado
en un surco del disco.
Oíd cómo se apaga
la nebulosa melodía
que nos precede, el solo célebre

de Orión. Abramos, pues, las partituras,
preparemos los textos: la Divina Comedia,
los Sonetos de Shakespeare, los hondos misereres
que no es posible oír sin admirarse;
el atril ajustemos y afinemos
la voz para entonar también
las notas secundarias.
Y cuando, al fin, nos pase por encima
la coruscante aguja,
cantemos juntos
—*allegro ma non tropo*—
nuestros dulces poemas de encuentro y despedida.
No importa el tiempo que ello dure,
es nuestro turno. Y pues que nadie
                                    arriba nos escucha,
se aprecie, al menos, el candor
del orfeón de huérfanos que somos:
una escolanía amateur,
entusiastas del cosmos, porfiados.

VOYEUR

Ahora que la brisa de improviso
entre las sábanas que tiendes pasa
y ciñe alguna a tu cintura escasa,
te observo, oculto aquí, desde mi piso,
asciendo con el viento al paraíso
de pinzas y cordeles de tu casa,
mi cuerpo con la tela se acompasa
y el tuyo abraza sin tener permiso.
No han de tocarte alguna vez igual
que hoy en la azotea, ni sabrás
qué brazos, manos, dedos tan perversos,
ondeando hacia ti desde el tendal
te recorrieron; cómo es que, además,
lo cuento sin pudor en unos versos.

INFORME DE LA SITUACIÓN PARA FRAY DIEGO DE ESTELLA

Excelencia (no sé si el tratamiento,
la cortesía que merece
aquel que cumple ya quinientos años
es ese o es reverendísimo):

Es imposible resumir
en breve informe cinco siglos.
No obstante, le diré
que el mundo sigue igual que estaba
cuando usted lo dejó:
anda aún a viva quien vence,
como una sombra que acompaña solo
a quien alumbran las riquezas
y no es sino de aquel que mucho tiene.

Por lo demás, hay una preocupante
escasez de predicadores.
Ya no seduce el noble oficio de afear
los vicios desde el púlpito,
pues es común pensar ahora
que aquel que tan severamente
reprende a los demás, el mismo
sea acaso el más reprensible,

y prefieren ir descarriados,
igual que ovejas sin pastor, los hombres.

Nadie se acuerda hoy del vengativo obispo
Bernardo de Fresneda, glotón y gastador,
al que acusara ante el papa
de vivir en el fasto y la abundancia.
Usted que, en cambio, fue un asceta,
sería hoy un místico, y hasta quizás un santo,
de no haber sido por aquel traspié
de censurar al confesor del rey
con dos falsificadas firmas.
Insigne apóstol, celebérrimo
predicador del evangelio,
¿por qué hizo caso omiso
de aquel precepto que escribió usted mismo,
para todo orador,
en su tratado *Modus concionandi*?
¿No era el principal mandato
ser virtuoso y ejemplar
para que nadie de él dijera
que enseña a otros pero no a sí mismo?
Tal vez exista un hombre incomparable
que no pecó jamás; en cambio,
¿quién hay que no haya sido
alguna vez inconsecuente?

Le alegrará saber, Fray Diego,
que ha inspirado a grandes pensadores
su *Vanidad del mundo*;
pese a la Santa Inquisición,
hasta en *Varsovia hay copias
de sus Enarrationes de San Lucas*;

sus *Devotísimas meditaciones*.
no pueden ser leídas
sin ser loadas a la vez.

La fama que le fue otorgada en vida
se mantiene (lo mismo le sucede
a El Escorial, pues sigue en pie y, lo crea o no,
no causa espanto sino asombro).
El viejo asunto de su estatua
ya no figura más en el orden del día;
y esa maqueta de escayola
con usted predicando,
¿quién sabe en qué almacén de nuestra patria
se habrá extraviado para siempre?

No se entristezca al conocer
que en el recóndito futuro somos
mundanos y gentiles casi todos.
Perdóneme, Fray Diego, que crea lo contrario
de lo que afirma usted en sus sermones:
que, cuando al fin muramos,
no habrá nunca más días, ni tampoco más noches,
sino solo una noche,
más larga que la suma
de todas las jornadas de una vida;
no habrá una sacrosanta mano
que limpie nuestras lágrimas
porque no habrá más lágrimas,
ni habrá más enojosas voces,
sino solo el silencio clementísimo
que diluye toda amargura
y calma todo desaliento.
Le doy las gracias, sin embargo,

por la dulce añoranza de Dios y de su Reino
que sus palabras siempre me provocan.

El tiempo parpadea y deja
vehementes fuegos tras de sí,
ciudades asoladas, campos yermos.
y me parece, monje,
que el mundo es más brutal que vano.
No obstante, a veces surge en medio
de tanta destrucción la rara luz
de alguna idea que disuelve nuestra
angustia y nos traslumbra. No pocas suyas son:

Que el modo y la medida del amor
es siempre amar sin modo ni medida.
Que no habrá excusa que podamos dar
si, lo que amamos, no lo amamos por entero.
Que aquellos que carecen de buen ser,
mejor les sería no ser.

Adiós, Fray Diego, adiós,
le dejo con su enorme No al mundo
pues este que le escribe
aún tiene que volver al mundo.

LUNA CRECIENTE

Falúa con su vela desplegada,
tensa de tanta tramontana,
me pareció cuando la vi emerger
desde el mar. Se enviscaba un astro
alrededor del mástil –Venus, creo–
y un cardumen de estrellas atrapadas
chapaleó
en la almadraba de su estela.

También imaginé que fuera
un rutilante anzuelo lanzado para mí.

ÁNGEL CONVIRTIÉNDOSE EN HOMBRE

Capitel de "La puerta del Paraíso"
Iglesia de San Vicente de Larumbe

Navarra, siglo XIII

Bajo el ardiente sol o bajo un manto
de nieve, dabas paso desde el friso
a los que entraban. Pero el tiempo quiso
crear un ser tullido, un nuevo espanto
y, antes de que segara el pétreo acanto
de la puerta, tus alas de improviso
cayeron del dintel del paraíso.
No, no fue el tiempo: nos amabas tanto,
tan alto y sobrehumano, ángel triste,
que renunciaste a ti y te desprendiste
de tus alas custodias. Y ahora, en tierra,
no sabes si eres otro Adán que yerra
expulsado del cielo, o si remedas
a algún *clochard* que pide unas monedas.

HOJA QUE CAE

Hija, camino de la cumbre, solo,
no sé por qué pensé en ti al ver
la fronda. Aquel otoño y un azar
de sol con niebla habían puesto blanca
la mañana, traslúcida. La vi
entonces: una hoja, aún prendida,
ni más ocre ni al viento más expuesta
que otras, pero tan trémula en su rama,
que presentí que ya se desasía.
Ningún redoble de tambores hubo
en todo el bosque, nada; de otro modo,
hubiera sido atronador con tantas
otras hojas a punto de soltarse.
Al fin renunciaría, como a cámara
lenta y tan dócilmente, que perdí
toda una vida viéndola caer.
No sé por qué pensé en ti entretanto,
por qué te imaginé como esa hoja.
Sentí que tú, la no nacida, pétalo
de mí que cae, mi niña, alguna vez
el álbum imposible de tu vida
mirarás. Ese día sabes, callas,
tu ausente voz dirá que me perdonas.
Tus ojos –qué reales ya tus ojos–

indagan en las fotos, lloras viéndote
crecer. Ay mi pequeña, en el papel
tus dedos me recorren, soy tu padre.
Ninguna magia como esta: al trasluz,
habernos visto, hoja; eso basta.

EN EL RÍO SECO

Bajo la ardiente luz del mediodía,
un fulgor repentino
reverbera en el légamo.

        ¿Cristales rotos
en este cauce resecado
por el sol del estío?
No; un resplandor de escamas,
              un centelleo
de peces que boquean te ha cegado.

No con retóricas
      su muda muerte ensucies;
como ellos, guarda tú también silencio.
Lo que oyes no es un chelo,
son insectos abalanzándose
        sobre su carne agónica;
lo que se eleva entre los álamos
sedientos de la orilla no es un himno,
        sino un chirrido de cigarras;
y, decididamente, no es un réquiem
el fragor que se eleva hacia la fronda altísima
        sino una tolvanera.

Tú finge no haber visto ese deslumbre
de los últimos charcos
–podrías reflejarte en las escamas
si te acercas– y sigue tu camino,
río abajo, entre estas rocas férvidas.

SOTOBOSQUE EN LA NOCHE

En cuanto el viento pulsa la corchea
de un acebo, las fusas del helecho
tiemblan, vibran las lianas que –sospecho–
son las cuerdas del arpa que él puntea.
¿Oyes la campanilla? Tintinea,
pues la rozó también. Del boj ha hecho
un dulce acordeón que bajo el techo
del alto robledal se balancea,
del hueco tronco seco una garganta
por donde el aire se huracana y canta,
ha convertido en notas cada tallo.
Escucha el sotobosque: es ya un *adagio,*
ora *agitato* y ora *sottovoce,*
cuando lo mueve el viento por la noche.

NAVEGANDO EN UN CUADRO DE CASPAR DAVID FRIEDRICH

Y si cierro los ojos, no es el frío
acero de esta máquina en mi espalda
lo que siento: es un témpano sin rumbo,
un hielo roto yendo a la deriva
con mi cuerpo desnudo mar adentro.
Y si los abro, el círculo polar
donde navego vuelve a ser la sala
donde una extraña cámara examina
mis entrañas, mi sangre en su recóndito
entresijo, en su dédalo de carne.

Cierro los ojos y no sé qué mano
arrastra la corriente en la que voy.
Oh Caspar David Friedrich,
rescátame de "El mar de hielo",
de esta habitación y sus mareas
y su niebla de luces fluorescentes;
sácame de este óleo
donde navego hacia mi ausencia.

A CONTRALUZ

Vas y vienes en silencio por la oscura alcoba,
por delante de la persiana entornada.
No me beses, nunca aquí me beses,
podría enamorarme de tu sombra.
Te aureolan las luces que filtra la persiana,
parecen ramas de una palmera
que el viento zarandea.
Pero tú no me beses, como con luceros súbitos
a tu espalda. Más allá de tu incorpóreo halo,
podría haber una arena desolada,
y un espacio sin medida,
y un adiós lleno de dunas.
No me beses, coronada así de estrellas,
porque podría enamorarme todavía más,
y más no puedo sin sentir que no serías tú,
sino la noche, quien me besa.
No te demores, vete, cegadora,
niégame el beso que te pido antes de marchar,
porque tus labios atesoran uno tan último y desierto
que tengo miedo de que sea el que me das.

EL JARDÍN QUE NO EXISTE

Más allá del gran lago azul
se encuentra el jardín que no existe.
Año tras año se renuevan
sus flores, y hay tantas allí
que, para brotar de tu cuerpo,
poco les falta. En nuestros sueños,
aquellos que lo han visitado
regresan, exhaustos y mudos.
¿Cómo, con qué palabras
podrían contar lo que vieron?
¿Hay lirios, orquídeas, violetas,
hay alegrías? No te lo dirán.
En esta tierra cae tu sangre
en el pétalo de un jacinto
y, ¡ay!,tu vida dura
lo que el lamento de la flor.
Allí tu sorprendido corazón
se trasfigura en rosa,
y tu cerebro en pensamientos,
tu carne en siemprevivas,
tu cuerpo en nomeolvides.

No te apresures, ve despacio.
Adondequiera que vayas,

darás con tus huesos en él.
Traslumbrante es el jardín que no existe:
solo cuando ya no lo ves,
has llegado.

ELOGIO DE LA CANCIÓN TERCERA DE GARCILASO

Por culpa de que fuiste
al prohibido connubio
de tu sobrino, el rey te ha desterrado;
y sin consuelo, triste,
en la isla que el Danubio
ahora y siempre cerca y ha cercado,
tu alma se ha llenado
de un extraño temor:
que alguno piense acaso
que muere Garcilaso
preso y forzado en vez de por amor,
que es un morir distinto
al del exilio que insta Carlos Quinto.

Y vas por las riberas
del río, y en sus aguas
de ondas claras tu poema arrojas.
Así, antes de que mueras,
los versos que tú fraguas
escapan, van tus penas y congojas
como flotantes hojas
y hasta nosotros llega
esa canción tercera
que... ¿cómo lo dijera?,

¡qué fuga, Garcilaso de la Vega,
qué pies, qué exquisitez;
ojalá te destierren otra vez!

ÁRBOL TALADO

Hay un collar en el tocón. La joya
estrecha a una recóndita segunda
que a una tercera posterior circunda.
Lo mismo en el nogal que en la secuoya,
un año se transforma en una argolla,
anilla que a otra anilla más profunda
se encadena. Mirad esta rotunda
orfebrería, circular tramoya
que atrapa el tiempo ido, y ved qué raro
es su interior: como una caja china
que nada guarda salvo su anodina
repetición; un aro en otro aro,
este en aquel y aquel en el siguiente,
todo el ayer metido en el presente.

ENSOÑACIÓN DE TI

Darte forma, sentidos, piel, tamaño,
duras curvas... tan fácil es el juego,
tan fácil inventarte como luego
ya no saber vivir sin ese engaño.
No sé de dónde surges, sueño extraño,
ni sé quién eres, sombra que a mi ruego
acudes, pero alteras mi sosiego.
Y, sin embargo, ven, mi bien, mi daño,
que quiero darte humana concreción,
carnal sustancia, firme certidumbre
al tacto; hacerte fiel a la costumbre
de besarnos; creer esta ilusión:
que no es en vano, amor, el dulce intento
de darte peso, altura, rostro, aliento.

ESCRITO FRENTE AL MAR

Como el mar,
no acaba nunca el poema:
le vuelves la espalda, lo dejas atrás.
Cualquiera que sea el mundo que creas,
lo abandonas a medio hacer.

Así pues, no quieras aún descifrar
los hexámetros que hay en la arena;
vuelven a ser solo huellas del albatros,
huesos de sepia, restos de algas,
conchas que arrojó la marea, y nada más.
¿O acaso no ves que no es una ninfa
bruscamente arrancada de una epopeya,
convertida en piedra sobre la playa,
la terca roca empeñada en ser solo una roca?

El aliento de un dios que te envuelve,
el alto emparrado con sus racimos
de abrumadoras estrellas,
y el sello de cera que lacra el horizonte
tornan a ser lo que fueron y siempre
serán: brisa, cielo, cárdena luna.

Anochece. Termina, pues, los blancos versos
que escribes en la orilla;
es hora de que las olas regresen al mar.

LOS NIÑOS DE HAMELÍN

...la música,
misteriosa forma del tiempo

JORGE LUIS BORGES

¿Quiénes son esos que a lo lejos van,
los que, alegres, por un sendero
del condado de Brunswick,
se dirigen hacia el espanto?

Por rencor de una paga
no satisfecha, un músico de atuendo
extravagante los ha secuestrado.
Su melodía, misteriosa
e irresistible, los arrastra
sin que nadie pueda auxiliarlos.

Los contemplamos
con no demasiada piedad
porque los Grimm omitieron sus nombres,
porque la lejanía diluye sus contornos,
porque apenas cubre en el río Weser,
salvo para las ratas,
o porque que el monte Koppelberg les cierra
el paso y tendrán que volver.

Además, ciudadanos
de Hamelín, respiremos aliviados,
porque esos que ríen y danzan

al son del cruel caramillo no son
nuestros hijos,
          sino nosotros,
nosotros que, hace ya mucho, nos fuimos
tras el flautista que se lleva
a los niños, y cuyo traje verde,
dorado y bermejo se funde
ya con la arboleda otoñal.

BOCETO INCONCLUSO DE UN PAISAJE CON ERMITA Y SOL AL FONDO

Se ve un ocaso. Se oye un retornelo:
la salmodia, monótona y huraña,
de una campana, triste y ermitaña,
que está doblando y que preludia un duelo.
El sol muriente vuelve rojo el cielo,
sucumbe en el vitral de una espadaña
y entenebrece su silueta extraña
de ángel enlutado alzando el vuelo.
Y cuando el astro rey, al fin, penetra
en la tierra y su luz se torna oscura,
sella la ermita, nubla mi escritura,
ensombrece mi espíritu y mi letra.
No acabaré estos versos. ¿El motivo?:
no veo lo que escribo...

SALMO DE LA NOCHE

¿Y cuál prodigio escogería yo,
para mi salmo,
de aquella noche tan dulcísima?

Estaba la arboleda colmada de murmullos
y de un rumor de ramas abrazándose.
Y estaban tan absortos,
tan pensativos los esbeltos álamos,
que imaginé que tal vez fueran
orantes nazarenos meditando
por la orilla del río.
Era la noche un techo fúnebre,
y el bosque, el recoleto bosque,
un claustro interminable.
Creí de veras que eran verjas
los troncos de los árboles,
que estaban hechos con helechos
los herrajes del negro anochecer,
que acaso fueran forjas
las hojas y el ramaje del húmedo sauzal,
que toda la floresta era,
y su espesura pródiga,
un enrejado, una cancela en sombras,
filigranas de hierro palpitante

cercando aquel lugar.
Brillaba el dócil bronce de los juncos,
frondosos capiteles
sostenían el curvo cielo,
y bien pudiera ser que una *écuyère*, arriba,
cruzara la celeste bóveda
con su girándula de estrellas
a la espalda.
　　　　　Mil años tardaría
en describir aquella noche,
mil años para enumerar
sus soles incontables,
y por eso elegí, para este salmo,
loar lo más pequeño:

en la frescura del oscuro soto
tus ojos eran de ónice esplendente
mientras mirabas el fluir del agua.

MIENTRAS HAGO UN CRUCIGRAMA

En la ociosa playa, nada,
ni el zigzag de los veleros,
ni el runrún de las motoras,
interrumpe mi labor

—seis vertical,
primogénito de Noé—;

nada excepto ese, pequeño y rubio,
a quien yo le di su nombre
y que me pide un favor:
hinchar su colchoneta.

Sem cubrió la desnudez de su embriagado padre
con un manto. No menos cariñosamente
lo hace el niño con su abrazo cuando al fin le doy,
sofocado, sin resuello, su juguete.

Alegre corre con su arca diminuta
y se adentra en la bahía; chapotea
y se tumba sobre el mar.

Despreocupado, tendido de espaldas,
rema con sus brazos lenta,

                              ceremoniosamente,
dejándose arrastrar por la resaca,
y de ese modo cada instante se dilata
y tantea con sus dedos
el casi detenerse del verano.

Un momento no he mirado y ya está lejos,
traslumbrado,
donde se arraciman sobre el agua
los destellos del sol.

Vasto cielo y hondo mar
por encima y por debajo de él.
Por fortuna, no son las del diluvio
las olas que lo mecen;
por fortuna, más ligero no puede ser:
para sostenerse sobre el mundo
le basta con mi aliento.

MEDITACIÓN EN EL SOTO

¿No puedo bañarme dos veces
en este río? Entonces,
Heráclito, no puedo
tampoco dos veces mirarlo,
dos veces pensarlo, nombrarlo
una segunda vez,
si, como dices, es un río
diferente en cada ocasión.
Ni puedo seguir siendo yo,
porque al mirarlo o pensarlo de nuevo,
también yo me convierto
–dicho y hecho– en alguien distinto.

¡Por el amor de dios,
qué frágil me he vuelto!

Es extraño pensar
que el río que aquí fluye
es uno y muchos que se llenan
y se vacían de sí mismos;
que yo soy todos los que he sido
y soy el venidero;
que, en tanto siga aquí,
sentado en esta roca, en realidad

voy de aquí para allá, siempre diverso,
continuo, siempre a punto
de ser otro ser, ya casi
el siguiente sobre una piedra
súbitamente nueva a cada instante.

Cuando llegue la noche
y me incorpore, y decidido parta
por la trocha sombría que no tiene regreso,
acaso vuelva a ser algo indiviso,
erre que erre el que soy,
perdurable a cada momento.
Mientras tanto, viejo maestro
–porque qué otra cosa puedo hacer,
acostumbrado ya a este continuo
desvanecerse, a este asiduo morir
y comenzar de nuevo todo–,
apresuradamente me despido del río,
que es uno y es innumerable,
y les digo adiós a sus riberas raudas.

Adiós, briosas nubes que cruzáis
a galope tendido por el cielo,
presto viento que surcas la alameda,
célere pájaro que atraviesas
el soto como una flecha;

adiós, adiós,
vertiginosa luz que enhebras el boscaje y lo duplicas,
como el reverso de un tapiz, en la corriente;

adiós, rápidos juncos, velocísimo sauce,
acelerados nomeolvides de la orilla;

adiós, acuciosas aguas que, como por encanto,
os hacéis y deshacéis, y con vosotras yo,
a cada instante.

Adiós y adiós,
a todo lo que miro y al que soy,
pues nunca más nos volveremos a ver.
Me despido de todos y de todo,
y saludo ya al recién creado mundo.

LA LUZ A TI RENDIDA

La misma luz que en los vitrales, ahora,
transverbera unos santos de color,
traspasa aquí, modesta, el espesor
de la cortina. A tan temprana hora,
la misma luz que en la rosada aurora
atraviesa una nube y su vapor,
se acerca a ti, te besa y toca, amor,
a ti, que mientras duermes, más te adora.
Y si en las flores del jardín, cubiertas
de escarcha todavía, se derrama
y, así, su aspecto y perfección desvela,
contigo, ¿qué no hará si ya despiertas
entre estas que, bordadas en la tela,
alumbran un vergel sobre tu cama?

NOLI ME TANGERE

Que nada ya me toque,
si no es la luz queriendo traslumbrarme,
si no es tu voz al susurrar mi nombre.

Igual que el tenso cable del acróbata
curvándose en el aire, así tu espalda.
Nada, nada me toque,
ni un leve roce en la vibrante cuerda
a punto de romperse.

Más tarde nos delate
la enrojecida piel de tus caderas.
Pero ahora, nada ya me toque, nada;
que no cese la noche y se demore
el instante final de mi caída.

LA LUNA

No encontrarás en ella sensatez
porque, al menguar, la luna se hace hoz,
terrible y fría, una guadaña atroz
que siega el robledal; y alguna vez
es asta que cornea o es un pez
que salta desde el mar y que, veloz,
devora estrellas; sello o cuño o coz
estampada en la noche; a veces nuez

que por el cielo rueda es su disfraz,
o un casco que ha perdido su testuz;
diríase un pincel que arroja un haz
de somnolienta y plateada luz,
que a veces triste, a veces tan feliz,
extiende sobre el mundo su barniz;

en la noria del cielo es arcaduz;
un gong no percutido, mudo, en paz;
moneda que al azar sobre el tapiz
nocturno cae de cara, nunca en cruz;
es lupa tras la cual está la faz
de un dios, y es sólo un grano de maíz.

TU AUSENCIA

Lo terrible de ella
es que está por todas partes.
Se presenta allí, dondequiera que voy,
y sólo en los sueños consigo no verla.

No tengo una respuesta
a cómo logra dar siempre conmigo,
o por qué invade mi casa, mi insomnio,
tan avariciosamente mis versos.
Esa réplica terca de ti me persigue
con la apariencia que ella te roba,
y hasta con esa indecisa manera que tienes
de amarme y de no amarme al mismo tiempo.

Tú no puedes comprenderlo porque
cuando tú apareces, ella ya se ha marchado.
Y esto es lo terrible de tu ausencia:
no sabe no seguirme, no sabe no ser mía,
y va, detrás de mí, llenando el mundo
de espacios donde tú no estás
y de instantes en los que aún no has venido.

TRASLUMBRAMIENTO DE RILKE EN TOLEDO

Mi querido Rodin, vengo del Salón, donde he estado más de una hora ante el Toledo de El Greco. El paisaje me parece cada vez más sorprendente.

Carte de RILKE a RODIN.

Princesa, sabe usted que yo solo tengo ya un anhelo: viajar a Toledo.

Carta de RILKE a MARIA VAN THURN UND TAXIS

...y en Toledo vivir, siendo apenas viajero, quedarme como para siempre, todo lo toledano que me sea posible...

Carta de RILKE a SIDIE NÁDHERNY

No se puede uno hacer idea de esta ciudad asombrosa; ni siquiera las representaciones que El Greco ha hecho de ella, logran mostrar, a pesar de ser fantásticas, lo que es esta aparición salvaje e irresistible.

Carta de Rilke a Karl von der Heyrt.

Estaba yo en el maravilloso puente de Toledo; al caer una estrella, trazando un arco lento y tenso en el espacio, cayó también –¿cómo podría decirlo?– en el espacio interior: había desaparecido el contorno delimitador del cuerpo.

Oh estrella precipitada en el abismo que una vez vi desde un puente: no he de olvidarte nunca.

RILKE

¡Con qué fervor contempla Rilke el Tajo
–anochece– desde una barandilla!
El río es un acero en el que brilla
el sol, la espada que ha partido abajo
la tierra en dos. Dichoso es el atajo
por cuya cuesta baja hasta la orilla
donde le aguarda otra maravilla:
la noche cae, piensa en su trabajo
–¿un dulce verso, algún soneto, un quedo
fundirse con las sombras de Toledo?–
y, cuando ve una estrella sobre el puente
trazar un tenso y lento arco, siente
que él es un rayo, un ángel verde, un eco
de la tormenta que pintara El Greco.

ÍNDICE

Sobre el autor 7

Acta del jurado 9

Traslumbramientos

Misiva para el primer hombre fotografiado 13

Cuando vi pasar una estrella fugaz... 15

En la capilla *Sancti Spiritus* de Roncesvalles 16

Epostracismo 17

Eso 19

Propuesta para incluir una palabra en el diccionaro 20

La tempesta 22

Concierto en el humedal de Torreblanca 23

Enthouslasmós 24

Marina 25

Septembrino 26

Encurtidos Valero S.L. 27

Un poeta contemplando el deshielo de los montes 28

Como Venus Anadiómena 30

Salutación a la nieve nocturno 32

Le quattro stagioni 34

El almendro y tú 35

Alegre pero no demasiado 36

Voyeur 38

Informe de la situación para Fray Diego de Estella 39

Luna creciente 43

Ángel convirtiéndose en hombre 44
Hoja que cae. 45
En el río seco 47
Sotobosque en la noche. 49
Navegando en un cuadro de Caspar David Friedrich 50
A contraluz. 51
El jardín que no existe 52
Elogio de la canción tercera de Garcilaso 54
Árbol talado. 56
Ensoñación de ti 57
Escrito frente al mar. 58
Los niños de Hamelín 60
Boceto inconcluso de un paisaje con ermita y sol al fondo 62
Salmo de la noche 63
Mientras hago un crucigrama 65
Meditación en el soto 67
La luz a ti rendida. 70
Noli me tangere 71
La luna 72
Tu ausencia. 73
Traslumbramiento de Rilke en Toledo 74

Traslumbramientos
de Santiago Elso,
compuesto con tipos Montserrat en créditos
y portadillas, y DGP
en el resto de las tripas,
maquetado bajo el cuidado de Daniel Vera,
y con la aprobación de Raúl Alonso
como editor de mesa de la obra,
se terminó de imprimir
el 19 de marzo de 2025,
festividad de San José.

LAUS DEO